道德讲坛

家庭美德

⊙韩孝勇　著

U0825598

海峡出版发行集团
THE STRAITS PUBLISHING & DISTRIBUTING GROUP
福建美术出版社

图书在版编目（CIP）数据

家庭美德 / 韩孝勇著. -- 福州 : 福建美术出版社，2016.12（2019.7 重印）
（道德讲坛）
ISBN 978 7 5393-3270-3

Ⅰ. ①家… Ⅱ. ①韩… Ⅲ. ①家庭道德－品德教育－中国 Ⅳ. ①D649

中国版本图书馆 CIP 数据核字（2016）第 322080 号

出 版 人：郭　武
责任编辑：张小芹　陈　艳
出版发行：福建美术出版社
社　　址：福州市东水路 76 号 16 层
邮　　编：350001
网　　址：http://www.fjmscbs.cn
服务热线：0591-87620820（发行部）　87533718（总编办）
经　　销：福建新华发行（集团）有限责任公司
印　　刷：福建省金盾彩色印刷有限公司
开　　本：889 毫米 ×1194 毫米　1/32
印　　张：2.5
版　　次：2016 年 12 月第 1 版
印　　次：2019 年 7 月第 4 次印刷
书　　号：ISBN 978-7-5393-3270-3
定　　价：22.00 元

韩孝勇，笔名韩志天，八〇后诗人、作家、国学老师。

福建省作家协会会员。

福州公交车电视节目国学脱口秀《诗人学堂》主创、主持人。

主要作品：《不二情诗——每天写首情诗给你》（2016年10月由福建美术出版社出版）

一生的理想：为往圣继绝学！

目 录

孝亲之道——我们如何做子女

“无后为大”的正解——尊重父母是一种责任 6
人生第一乐——父母健康最重要 10
及时行孝——子欲养亲不待 14
精神赡养——被忽视的“孝” 18
能“孝”，敢“牺牲”——多少付出向爹娘 22
一则成语一句诗——孝道源于感恩 25

教育之道——我们如何做父母

心道与心术——教孩子什么 30
曾子杀猪——育儿用心，教子以“信” 34
“中国好妈妈”——当今父母的榜样 38
五子登科——窦家育儿“秘方” 43

恩爱之道——我们如何做夫妻

体贴之德：“举案齐眉”——走心的“恩爱秀” 48
包容之德：所谓“惧内”——“英雄怕老婆”的真相 52
坚守之德：糟糠之妻——“东汉爱情故事” 56
牺牲之德：心如止水——“秀丽江山”启示录 60
共苦之德：患难夫妻——相濡以沫 or 相忘江湖 66

持家之道——修身齐家需注意

勤 俭 72
睦 邻 75
明 悌 77
奉 老 79

孝亲之道

——我们如何做子女

“无后为大”的正解
——尊重父母是一种责任

“不孝有三，无后为大。”

中国人都知道，这句话是孟子说的。但是，许多人对孟子这句话的意思却有一个天大的误会：没有后代，就是不孝吗？而且还是最大的不孝？特别是二十世纪晚期涌现的“丁克家庭”，恐怕是把孟子当作“邪教教主”了，认为孟子为古代民间延续香火的观念提供了权威的理论支持。

其实，孟子很冤枉。导致两千年“谬种流传”（非生儿子不可）的祸首可不是他。孟子可没有儿子第一的想法，问题出在他的一位“超级粉丝”身上。东汉有一位叫赵岐的学者，他在写《十三经注疏》的时候，对孟子的“不孝有三”进行阐释，提了一嘴：“不娶无子，绝先祖祀，三不孝也”，并把这一点他自己的小发明，强行和“无后为大”捆在一起，并且牢牢地贴上一个标签：孟子曰。于是，在现代社会，“无后为大”就成了典型的封建思想。殊不知，那只是因为当年赵岐断章取义。

那么，孟子究竟是怎么个意思？

综合《孟子》一书前后论述以及当时的文化环境进行推理，真相应该是这样的。

孟子说“不孝有三，无后为大”的时候，举了一个例子，关

对跟着您。
这辈子我们就跟定您啦

于儒家的大人物：舜帝。“舜不告而娶，是为无后。”

舜是禅让制时代的统治者，上古五帝之一，他不仅从尧的手上接过了领袖天下的使命，还从尧的膝下娶了两个女儿——娥皇女英，名留青史的姐妹花。因为舜南巡时病死潇湘，追随而来的娥皇女英在洞庭湖畔收到丈夫的死讯，于是，泪洒斑竹，投水殉情。后人称她们为“湘妃”。

舜与湘妃的爱情故事凄婉动人、可歌可泣。然而，他结婚的方式却给后世的孟子留下了不太好的印象：不告而娶。

舜娶湘妃，没有报告父母（父亲瞽叟和后妈），孟子认为，这是无后的表现。那么，“无后”在这里如果硬生生地解释为没有后代，就非常牵强，语义上讲不通。所以，比较合理的说法是“没有尽到做后人的责任”，也就是说，舜在结婚的事情上是没有履行一个做儿子的责任的。这种责任叫作“敬”，现代语叫“尊重”。

孔子曰：“父母在，不远游，游必有方。”意思是倘若做子女的非要远游，一定要报告游历的方向，既让他们放心，也体现一种尊重。

出门尚且如此，更何况讨老婆？从古至今，嫁娶都是中国人的大事，而做父母的有义务操持，也有权利知情。在古代，婚姻讲究父母之命，儿女必须百分之一千地尊重父母意愿，甚至无条件地遵从，这是为人儿女者的责任。舜却连说都不说一声，在孟子的眼里，这是大逆不道的，如果孟子晚上睡觉梦见舜的话，估计会忍不住质问他：作为儿子，你的责任感跑哪儿去了？

当然，舜“不告”有他的原因，学者们多有推测，有人说，舜的爹是个“狼爸”，曾经伙同小儿子象谋杀舜未遂，对这样的爹还有什么责任可尽的、还有什么好尊重的？舜不记仇、不报复，就很不错了。这也许也是孟子又对舜的不告而娶表示理解的原因吧——“君子以为犹告也”（《孟子》）：君子认为，没说和说一个样。

舜的故事，不过是“无后”（不尽责任）的一个案例。不告而娶是不敬（尊重）父母的表现，而对父母心存敬意，是一种不可推卸的责任。

孝，首先是敬。

孔子的弟子子游问：“老师，什么是孝？”

孔子回答说：“当今社会，大家都认为能赡养父母就是孝。这是不对的。狗儿和马儿都能得到饲养。做父母的如果得不到子女的尊敬，和它们又有什么分别呢？”

所以，孔子通过“礼仪”的诸多设计，把子女对父母的敬意行为化，与这些规定相违背，就是不敬，就是不孝，就是孟子说的“无后为大”。

现代社会，已不是儒家的时代，然而，尊重父母，依旧应该是每一个子女应尽的家庭责任。谨记，无后为大。

扪心自问，今天，我们对父母尊重吗？

人生第一乐
——父母健康最重要

“君子有三乐，而王天下不与存焉。”

这句话，又是孟子说的。什么意思呢？孟子对人生进行了一次小小的归纳总结，他说，堪称君子的人，一生有三种快乐，但是统御四海、称帝称王不在其中。那么，还有什么比权倾天下更让人快意的事呢？

古代有不爱江山爱美人的君王，难道说孟子的三乐与美人有关？非也，非也。

三乐者，“父母俱存，兄弟无故”“仰不愧于天，俯不怍于人”“得天下英才而教育之”（《孟子·尽心上》）。而排在第一位的是父母俱在，即老爸老妈健康安详、无病无灾。如果只是俱在，但身体有恙，做子女的又怎么能快乐呢？

也就是说，父母康健无故，是为人子女者的人生第一乐，也是第一等责任。

读元代郭居敬的《二十四孝》和晋代干宝的《搜神记》，有一个共同的故事，让我印象深刻，嘘唏不已——这个故事叫“郭巨埋儿奉母”。

郭巨，晋朝的河南人，原本家境不错，算得上小富，但是，父亲死后，他几乎一夜“暴”贫。

郭巨家道中落的原因比较特别，不是做生意亏本了，也不是父亲撒手人寰时不留遗产，而是因为他把千金给散尽了——财产分成平均的两份，都给了两个弟弟，分文不剩。那么，他自己留下了什么呢？房子吗？应该是有的，但在当时人们不炒房，房子不值钱，房子的作用只是遮风避雨。郭巨只为自己留住了一个“大宝”：他的母亲。也许，在弟弟们的眼里，母亲恰恰是生活的负担。

父亡分家之后，郭巨奉母极孝，然而，日子却越过越贫寒。郭巨除了要养活母亲，还要养活老婆、养活儿子，生存压力极大。儿子正在长身体，饭量大，他的那份口粮总是不够吃，奶奶（郭巨母亲）就把饭菜让给他吃，自己只是聊以果腹。眼看儿子越来越胖、母亲越来越瘦，郭巨坐不住了——再这样下去，母亲的身体必然是扛不住的。对郭巨而言，这是最大的家庭危机。

在郭巨的心里，老娘的身体健康永远是第一位的。

郭巨很穷，也很“无能”，他没办法挣更多的钱来买更多的粮食。这也许就是穷人的悲哀，可是，再悲哀，郭巨也不愿意丢掉孟子说的人生第一乐。

怎么办？不能加，只能减！减什么？减人！

郭巨和老婆说：“我们把儿子给埋了吧！这样我们可以节省粮食供养母亲。”

妻子不答应。活埋孩子？这么残忍绝情的事，怎么能干？而且，丈夫要处理掉的是他们的嫡亲骨肉！

郭巨痛苦地说：“儿子没了可以再生，母亲没了去哪里找？”言下之意，母亲唯有一个，而儿子可以不只一个。郭巨这番话，等同于给了“媳妇和妈妈同时掉下水，先救哪个”的奇葩问题一个同样奇葩的解答。不得不说，郭巨真是个天才，然而，非如此不可吗？

妻子无奈。她不敢悖逆丈夫。

于是，郭巨动手了。可以想见，郭巨挥汗如雨挖坑的时候，他的妻子抱着儿子会哭得何等伤心。可是，为了母亲的安康，他不管不顾。估计此刻他的双眼也是噙满泪花的。

当郭巨挖坑挖到二尺深，奇迹发生了。坑里竟然有一坛黄金，上面还贴着一道符，上书："天赐孝子郭巨，官不得取，民不得夺。"

这下好了，这么多黄金，以后的日子一定好过极了。儿子不用埋了。他和他的奶奶都会变得白白胖胖。

老天爷救了郭巨一家。如果没有上苍的开恩，这个故事就是一个地地道道的悲剧。儿子埋了，粮食省下来了，母亲也未必能健康起来，试想，她是多么爱她的孙儿。

"郭巨埋儿"的故事一直以来颇具争议。《二十四孝》将它作为孝亲的典范，而许多学者则认为郭巨是愚孝。

诚然，郭巨的行为是不能被认同的——在今天，埋儿就是谋杀，不可饶恕的犯罪，但其孝亲之心可嘉（极在意母亲身体），也是毋庸置疑的。

当今世界，已是超级老龄化时代，单单上海一城2016年老龄人口已达700万。于是，各路骗子打着关爱老人的幌子四处作案，犹如"雨后恶竹"，来势凶猛。老年人追求身体健康，往往病急乱投医，一不小心就扎进骗子的怀抱。

因此，我们有责任助力父母的养生之道。而我们赡养父母，大都是给钱给保姆，却很容易忽略他们的身体健康。较为有心的子女，在父母身体无恙的时候，会定期为他们安排体检，防患未然，并请专人对他们的养生进行科学指导。

父母健康，是第一等责任，也是人生第一乐。故而，奉养尽孝，必从关注父母的健康开始。

当我们结束工作的辛劳回到家，看到父母"别来无恙"，难道不是莫大的快乐吗？

及时行孝

——子欲养亲不待

前文说到，父母俱在、无故（身体健康），是人生第一乐事。那么，人生第一痛苦的事是什么呢？你若问我，我会说，子欲养而亲不待。

两千多年前，孔子带着弟子周游列国，邂逅了一个名字叫鱼的男人——皋鱼。

皋鱼披着麻衣、抱了把镰刀，站在一棵大树下撕心裂肺地号啕大哭，那声音震天动地，似乎是想把月里的嫦娥招下来陪他一起哭。大白天的，嫦娥没吸来，却引来了一个老男人——孔夫子。

孔夫子闻声而至，在皋鱼跟前停下车。他很好奇。

于是，孔子问皋鱼："嗨，你哭得那么伤情，莫非家中有丧事？"

皋鱼被问到伤心处，哭得更凶猛了，他边哭边说："我这辈子犯了三大错：第一，年轻的时候，只想着功成名就，于是，四处游说诸侯，却忽略了我的父母。第二，我志向高远，却不得不为了利益违心地侍奉君王，让父母伤心。第三，我为了很小的事和很要好的朋友绝交，令父母生气。"

顿了顿，缓了缓气，皋鱼一边哭一边道出了一句千古名言："树欲静而风不止，子欲养而亲不待。失去了永远追不回来的是光阴，离去了再也见不到的是父母。父母没了，我活着还做什么呢？走

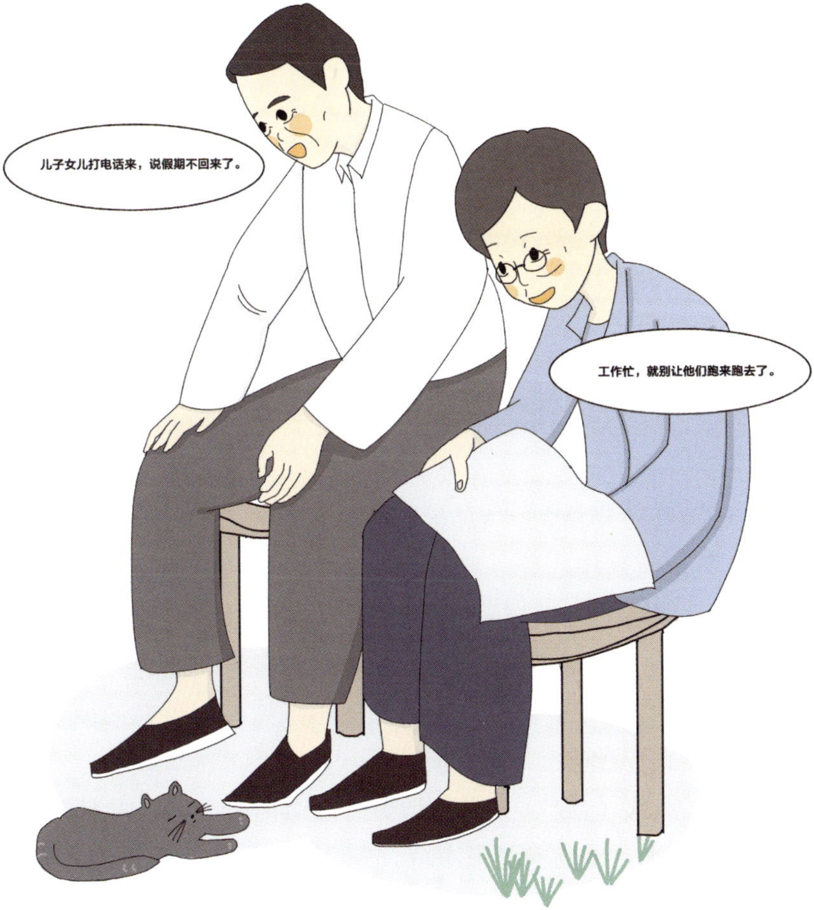
儿子女儿打电话来，说假期不回来了。
工作忙，就别让他们跑来跑去了。

啦，走啦！”

话音甫落，孔子还没想好怎么劝人家，皋鱼就死了。《孔子家语》里说，皋鱼是“立槁而死”，站着像枯木一样断了气。

孔子大为感慨，要弟子们引以为鉴。于是乎，弟子跑了十之有三。跑去哪儿了？回家！回家干什么？赡养父母！

弟子们的“归去来兮”并未让孔子感到沮丧，反而令他欣慰。他们从皋鱼身上看到了人生最痛苦的事，也了解到了真正的孝要怎么办。

一直以来，孔子用仁的思想教化弟子、感化世人，总是以孝道为先。

子曰：“孝悌也者，仁之本欤！”人若不孝，侈谈修身，更莫讲什么齐家治国平天下。而孝，不仅要走心，更要身体力行。皋鱼的悲哀，不是因为他不懂孝，而是因为他未能行孝——太多的光阴耗费在了个人的事业上，一旦父母溘然长逝，才恍然大悟：什么是自己最该珍惜的！

李白说“人生得意须尽欢”，及时行乐是消极的；皋鱼说“子欲养而亲不待”，及时行孝是必需的。这是为人子女的天赋使命。

情，最怕错爱；孝，最怕错过。

《二十四孝》里的丁兰，刻木事亲，在现代人看来神神道道、近乎心理病态——供养父母的木像，出入必拜，三餐必请，老婆出于好奇刺了刺了木像，木像居然出血流泪。结果，好奇害死猫，被丁兰二话不说地给休了。看似不可理喻的背后，藏着的是父母早亡的丁兰子欲养亲不待的痛苦。

武打巨星李小龙忙于弘扬中华武术的事业，没有时间与父母相处，当他崭露头角的时候，父亲却突然与世长辞。办完丧事后，李小龙把自己关在房间里，一直在纸上写着“子欲养亲不待”。可想而知，力透纸背的是自责——因为错过。

文学大家史铁生先生有一篇著名的散文叫《我与地坛》，字里行间，溢满对寡母的思念，闲言碎语，充斥着对生命的假设：如果一切能重来。

然而，死者已矣，一切无法重来。

不想错过，唯有及时行孝。不要等到父亲节母亲节才想起那一声快乐的问候。

其实，正常人都如皋鱼，都知道孝之道是人之道的基础，然而，往往知孝而不能行孝——或受限于各种条件，或受制于某些心态。比如，自以为父母还年轻，有的是尽孝的机会。于是，一不留心，就落了个皋鱼子欲养而亲不待的下场。

所以，所谓孝，“知行合一”很重要。如何“知行合一”？及时行孝！

可怜天下父母心，莫留遗憾在人间。

精神赡养
——被忽视的“孝”

“及时行孝”如何行？答案似乎很简单。然而，许许多多的孝子孝女们只行其一，未行其二。

一是物质，二是精神。我们常说的赡养是指前者，让父母衣食无忧。其实，这远远不够。对于父母而言，相比衣食，更要紧的是精神无忧。现代社会，大家不是总说人就是活个心态吗？

曾子奉养他的父亲，每一餐都有酒肉。曾子每一次撤走饭菜的时候，都会询问父亲，还有什么需要？这时，父亲就会多问一嘴：“（厨房里）还有剩的吗？”意思是，家里还富余吧，不会吃了上顿没下顿吧？这是父亲对儿子的担忧，唯恐儿子发生经济危机。而曾子的回答永远是让父亲放心。

孟子对曾子的表现是充分认可并高度赞赏的。他认为，普通人的事亲尽孝往往止于锦衣玉食，这只是“养口体”，而曾子不仅注意到并且还满足了父亲的内心需求，这叫“养志”。既做到了“养口体”，又做到了“养志”，所以，曾子的孝是很 ok 的，所以，曾子是古代感动中国的大孝子。

“养口体”加“养志”，才是完整的“孝”。

“养志”即精神赡养，要怎样才能做到呢？

仅提以下三点。

首先，要敬，即尊重。孔子说过，牲畜（犬马）皆能有养，不敬（父母），何以别乎？

然后，要陪伴，常回家看看，常在父母左右，常陪妈妈唠点小嗑，常陪爸爸喝点小酒。时时关注他们的健康，时时排解他们的烦恼。

人老了，最怕孤独。空巢老人的忧伤即是铁证。而陪伴，恰恰是子女最容易送给父母的礼物。应酬度假，尚且能偷得浮生半日闲，为什么抽不出时间陪伴陪伴父母家人呢？

孟子说：“非不能也，是不为也。”

诚然，父母有父母的毛病，唠叨，固执，甚至如同孩子那般无理取闹逗你玩，然而，这不能成为我们望而却步、敬而远之的理由。父母终究是父母，回头想想，当我们“初生牛犊”“哪宅闹海”的时候，父母又是怎样对我们的？不是寸步不离、唯恐有失吗？现在，轮到父母变成“孩子”了，难道不应该将心比心、以“行”换“行”吗？

陪伴，是需要克服困难的。

再然后，要“守身如玉”。也许你会觉得我乱用成语，的确，在现代，“守身如玉”这个词说的基本上是男和女的爱情，但是，在古代，主要用于两个领域：一为忠君，二为事亲。

孟子说：“失其身而能事亲者，吾未闻矣。”言下之意，做子女的一旦身体出了问题或者违背了做人的操守、作奸犯科，就会丧失奉养父母的能力、心性和机会。俗话说，为人父母者，最害怕的事情有两件：“家中有病子，牢中有罪儿。”所以，孟子提倡“守身事亲”。

保重身体，爱惜自己，遵纪守法，做好自己，如此“守身如玉”，才能让父母真正的精神无忧。

能“孝”，敢“牺牲”

——多少付出向爹娘

自从脱离了父母的襁褓，人的一生就开始了不断的付出。而付出大至分两种，一种是为了换取，另一种则是为了报答。前者叫奋斗，后者叫尽孝。

乌鸦被清朝人称为神鸟，不是因为它们发明了用石头喝水，也不是因为它们在传说中救过了大清皇帝皇太极，而是因为它们比许多人更懂得用自我的付出回报父母。

李时珍在《本草纲目》中这样描述乌鸦：慈乌，此鸟初生，母哺六十日，长则反哺六十日。

以“六十日”报“六十日”，给人感觉乌鸦挺会算的，其实，这不过是李时珍的文学表达。这不是重点，重点是以哺还哺，为父母去付出。

付出之大者，谓之“牺牲”。

古人编撰牛郎织女的故事，其主要目的并非展现织女的美丽和宣扬爱情的美好。这个千古名剧，是要揭示“孝”的力量——孝感动天。

为什么能孝感动天呢？因为“牺牲”。董永卖身葬父，委身为奴，为的只是换来一副棺椁，好让父亲入土为安。若因贫穷而草草掩埋，在古代，是极大的不孝。朱元璋丧失双亲的时候，只

诶呀~~~真是可怜哟。
卖身
葬父

能以一片破草席将他们入葬，年幼的无奈成了痛断肝肠的悲哀，后来做了皇帝的他，想起父母，总是感慨：得了江山又如何？

现代社会，生活条件好了，一般情况下，不必为了行孝而“牺牲”什么。既不必如董永卖身葬父、吴猛恣蚊饱血的牺牲，也不必似黄香扇枕温衾、王祥卧冰求鲤的艰辛。

现在，“孝”的付出并不难，然而，我们又有多少付出向爹娘？

一则成语一句诗
——孝道源于感恩

羔羊跪乳

《增广贤文》里讲了一个关于感恩的典故：羔羊跪乳。

从前有座山，山上有只羊，它生了一只小羊羔。羊妈妈非常疼爱羊宝宝，用乳汁哺育它，让它吃得又白又胖，用身体温暖它，让它睡得又甜又香。羊妈妈把所有时间和心思都花在了羊宝宝身上，只为让它快快乐乐地成长。一旦有危险临近，羊妈妈总是拼死保护羊宝宝。

有一天，小羊羔受邻家大婶老母鸡的启发向羊妈妈提出了一个千古难解的问题："妈妈，你这样爱我，历尽辛苦养育我，我该怎样报答你呢？"

羊妈妈说："小傻瓜，既然是爱，怎么会求回报呢？"

羊妈妈笑着，羊宝宝却哭了。

羊宝宝忽然扑通一声跪倒在羊妈妈脚下。

从此，羊宝宝总是跪着吃奶，以此表示永远铭记妈妈的深恩深情。

从此，整个羊族就有了跪乳的习惯。

当然，这只是一个传说。"羔羊跪乳"的现象的确存在，科学的解释是：由羊体内的遗传物质控制的先天性行为。《增广贤文》之所以把它“羔羊跪乳”和感恩联系在一起，不是想忽悠天下儿女去行孝事亲，而是借此阐明一个道理：人若是不知感恩父母，那就连羊宝宝都不如。

谁言寸草心

孟郊高中进士的时候，写过一句脍炙人口的诗：“春风得意马蹄疾，一日看尽长安花。”人们可以从中看见他的喜乐酣畅，却很难感受到这背后的辛酸淋漓。

此时的孟郊四十六岁，这是他第三次考进士，之前的他一直是个游子——求学，赶考，背井离乡，阔别最亲的人。显然，最让他挂怀的是母亲，因为最牵挂他的人是母亲。

游子的痛（母子分离），造就了传诵千年的《游子吟》。“慈母手中线，游子身上衣”，是孟郊对母亲的感念，时刻谨记自己的一切来源于母亲。

然而，母爱伟大，人生缥缈的游子却无以为报。“谁言寸草心，报得三春晖”？唯勿忘母恩而已。

尽管高中进士，但孟郊直到五十岁才当上个小小的溧阳县尉。潦倒的生活稍稍安定，他就回老家去接母亲。这样，虽然母亲未必能够享福，但至少母子可以相依为命，对于母亲而言，这就够了。

在迎母溧阳的路上，怀着寸草终于可以报答春晖于万一的复杂心情，《游子吟》，苦吟诗人（孟郊）一吟而就。

谢谢母亲
孩儿，一路要小心

教育之道

——我们如何做父母

心道与心术

——教孩子什么

当爹当妈的，都知道两句话：第一，孩子是需要教的；第二，父母是孩子的第一任老师。

然而，教什么？这是一个值得思考的问题。

说到教育子女，许多对传统文化略知一二的朋友除了孟母和岳母之外，大概还会想到那个屡败屡战、剿灭太平天国的曾国藩。为什么不是孔子呢？因为他主要教育别人的孩子。

那么，曾国藩和“育儿”有啥关系呢？

他写有一部《曾国藩家书》！并非专著，而是他三十年来给家人的书信总集，其中，写给子女、涉及教育之道的有一百一十五通，编辑者称“教子书”。

曾国藩教子书的内容多以儒家精神引导孩子做人处世，说得十分在理。

比如，他说：“余教儿女辈惟以勤俭谦三字为主。”有道理吧，习勤可以兴业，崇俭可以兴家，谦谨可以兴人（朋友多）。只要修持这三字，就能成“三品”，就能得“三兴”，多好，多划算。

勤，俭，谦，此属“心道”——勤为品，俭为性，谦为礼。

又比如，他对儿女说：“艺多不养身，专精必有成。”有道理吧，这句话很适合现在的父母去思考，渴望孩子琴棋书画样样精通、吹拉弹唱四项全能，最终，搞得孩子很累很乱，逼得孩子厌学弃学，倒不如多花心思引领他们爱上某一门技艺，帮助他们专精一事而学有所成。

专，精，此属心术。

再比如，曾国藩把教孩子立志当作头等大事。“志不立，天下无可成之事”“立志犹如金丹换骨”，可见，在他的眼里，立志对一个人的成长是何等紧要。志，在现代，被人们称作梦想，今天的“中国梦”就像是古代的“天下之志”。梦想有很多种，而曾国藩为孩子们指出的梦想是“做圣贤”。

什么叫“做圣贤”？不要误会，不是道家说的成仙，不是佛家说的成佛，也不是像孔子孟子王阳明那样名垂千古，而是做一个有德行的人，也就是孔子说的君子、孟子说的大丈夫、王阳明说的致良知的人。

立志，怀德，此谓心道之本。

还比如，曾国藩要求儿女多读书，凡通书信，多在劝学。他认为，读书是人生第一要义，他希望孩子勤奋，一个是要勤于耕耘（种地），能自食其力，再一个就是要读书，能立己达人。耕读传家，耕在读前，然而某种意义上讲，耕耘容易，读书难，耕耘只要肯卖力，读书非得能用心。

曾国藩所提倡的读书，一不为今人说的考试，二不为古人说的做官，他说“勿以考卷误终身”，他又说“莫作代代做官之想”。并不是考试不好、做官不对，而是说，读书首先在于“修身养性”“正心诚意”，优化自己，净化自己。所以，曾国藩写信给子女，告诉他们“为学应有恒，读书不择地”，无论何时何地，勿忘读书。

读书，修身，此谓心术之源。

管中窥豹，可见一斑。曾国藩教子书中的只言片语已让本文开篇的那个问题迎韧而解。

为人父母者，该着力教孩子什么？不是知识文化，而是心道和心术。明了心道，正了心术，自然会努力学习知识文化。用现在的话说，心道即三观：人生观、价值观、世界观；心术即方法：做人的方法、做事的方法、处世的方法。

换言之，对于孩子，我们要迫切关注的并非才华是否横溢，而是三观是否归正，人格是否精进。

教育，千万不能本末倒置。

后人往往奉曾国藩教子书为育儿圭臬，殊不知，在教育儿女方面，曾国藩并不是自学成材，人家也是有导师的，而且，有一位很强大的精神导师——七岁就立志“做第一等圣贤”的心学大师王阳明。

王阳明有一则写给儿子王正宪的家训，不到百字，却道尽教子真经，堪称中国家庭教育学的典范，现全文抄录如下，以飨读者：

《示宪儿》

幼儿曹，听教诲：勤读书，要孝悌；学谦恭，循礼仪；节饮食，戒游戏。毋说谎，毋贪利；毋任情，毋斗气；毋责人，但自治。能下人，是有志；能容人，是大器。凡做人，在心地；心地好，是良士；心地恶，是凶类。譬树果，心是蒂；蒂若坏，果必坠。吾教汝，全在是。汝谛听，勿轻弃。

——《王阳明全集 · 外集二》

这篇家训通俗易懂，极有条理，说的就是做人的心道和心术。

王阳明作此文时，儿子十一岁，没几年就要成家立业了（古人早婚），显然，王阳明把“心之教”看作了孩子成长的关键。

自古以来，在教育子女问题上，圣贤们首重德教。德，乃家庭教育的神器。

家风和家道是古代有见识学养的父母最重视的传家之宝，他们在教育方面的价值观惊人的一致：家庭可以无遗财，但子女不能不立德。

道从心生，德由心成。所以，对孩子，既要重视身体和头脑的培养、更要在意心灵的教育——目标：三观的归正，人格的精进。

曾子杀猪

——育儿用心，教子以“信”

人格的精进，是父母对子女进行心灵之教的追求所在。而“信”是家庭教育的第一关键的品德。

孔子曰：“人而无信，不知其可”，又曰：“自古皆有死，民无信不立”，可见，“信”的重要性。这就不难解释为什么商鞅要用“徙木立信”来拉开变法的大幕了。无论是对国家还是个人，“信”都是立足之本。

“信”的另一个说法是“诚”，孟子说：“诚，天道也；思诚者，人道也。”现代人把“诚”和“信”连在一块说，并把它作为社会道德的评判标准，殊不知，诚信对家庭也很关键。不讲求诚信的家庭，走出去的孩子会是怎样的呢？

诚信，即诚实无欺，即一诺千金。承诺是不能轻易许的，但既然许了就要兑现。在教育子女的过程中，我们往往不经意地忽略了诚信。

比如，爸爸对孩子说：“晚上给你讲睡前故事。”但到了时间，孩子却看不见爸爸，因为爸爸在公司加班。未能兑现承诺，事后没有解释没有道歉，事前也没有打个电话报备一下，因为爸爸觉得这没什么大不了，而且爽约的理由很正当，为了给家庭赚钱。可是，孩子会怎么想？如果同类的事情发生得多了，他是否会认

母亲，他们在干嘛
在杀猪给你吃
不管怎样，都
不能食言。

为，只要有合适的借口，就可以不兑现承诺，也就可以随便许下承诺。时间长了，潜移默化，孩子又会不会从不守信用变成撒谎成性呢？

对于孩子的成长，有两句话是很可怕的。其一，天下无必守之诺，其二，天下无不可撒之谎。

父母们，请牢记，我们的孩子是最擅长举一仿三的。

因此，家庭教育绝不可忘一诺千金。而诚信之教往往毁在小事上。

有一个小故事，关于孔子的头号弟子曾子，可以供父母们参酌借鉴。

有一次，曾子的妻子准备去赶集，她的儿子哭闹着也要跟着去。曾子的妻子对儿子说："你回去在家等着，我买了东西一会儿就回来。你不是爱吃酱汁烧的蹄子、猪肠炖的汤吗？我回来以后杀了猪就给你做。"这话倒也灵验。她儿子一听，立即安静下来，乖乖地望着妈妈一个人远去。

等曾子的妻子从集市回来，曾子就马上要去杀猪，她急忙上前拦住丈夫，说道："家里只养了这几头猪，都是逢年过节时才杀的。你怎么拿我哄孩子的话当真呢？"曾子说："在小孩面前是不能撒谎的。他们年幼无知，经常从父母那里学习知识，听取教诲。如果我们现在说一些欺骗他的话，等于是教他今后去欺骗别人。虽然做母亲的一时能哄得过孩子，但是过后他知道受了骗，就不会再相信妈妈的话。这样一来，你就很难再教育好自己的孩子了。"曾子的妻子觉得丈夫的话很有道理，于是心悦诚服地帮助曾子杀猪。

历史总是惊人地神似，正所谓山水有相逢。孟母（孟子的妈妈）

也有过和曾子相近的教子言行，似乎他俩穿越时空沟通过。故事的名字叫“买肉啖子”。

话说，孟子幼年丧父，家徒四壁，和坚持做单亲妈妈的母亲相依为命，艰苦而坚强地生活着。

有一天，东家杀了一头猪，孟子听见猪的惨叫，就问妈妈：“他们杀猪做什么？”孟母正在做事，随口回答说：“拿肉给你吃啊！”

可是，话一说完，她就后悔极了，她寻思着：“我十月怀胎的时候，肉割不正的我不吃，席子摆不正的我不坐，那是为了孩子的胎教，然而，现在我居然对他撒谎了，以后，他又如何会相信我的教导呢？”

亡羊补牢，为时未晚。于是，孟母自掏腰包向东家买下一些肉给孟子吃，以此向孩子证明自己诚实不欺，也以此引导孩子做一个诚实不欺的人。

其实，所谓诚信，也是负责。对他人诚信，是对他人的信任负责；对孩子诚信，是对孩子的成长负责。

所以，教会孩子诚信，就是教会孩子负责——对别人负责，对社会负责，也对自己负责。

所以，家庭教育，心道第一，而心道，诚信第一。

“中国好妈妈”
——当今父母的榜样

如果给古代中国的母亲们列一个“十强金榜”的话，孟母（仉氏）一定是高居榜首的。单凭她一个人含辛茹苦把孟子拉扯大这一点，就可以感动万千观众，更不用说那两个影响了教育界两千年的育儿经典案例——“孟母三迁”和“子不学，断机杼”。

那么，孟母之后又有哪几位好妈妈呢？

1. **东晋名将陶侃的母亲湛氏。**

其一，截发筵宾。家贫，为招待儿子远道而来的挚友，把长头发剪下来换成酒菜，还把房屋的柱子砍了当柴火烧。盛情如此，儿子的朋友得知真相后感动得一塌糊涂，慨叹道：唯有如此的母亲才能养育出陶侃这般人才啊。而陶侃更是大受母亲鼓舞，从此，待人恭而有礼，为友尽己所能。

其二，封坛退鲊。陶侃初为渔梁吏（管渔业的官），下属送了一坛鱼鲊（腌鱼）给他，他感念母恩，想借此对母亲尽尽孝心，便欣然接受，并托人送回乡下老家。却不承想，母亲竟原封不动退了回来，坛子封得好好的，片鱼未取，是谓“封坛退鲊”，同时捎回一纸家书，大意：“儿啊，不该你得的东西，我不会收，你也不能收。切不可因小物失大义。”陶侃谨记母训，不贪污，

拿去，换钱

菜来了。

不纳贿，律己奉公，后来做了一人之下的大将军也是清风不改、刚正如壁。

2. 北宋杨家将们的母亲折氏。

坚强持家，教儿报国，砥柱中流，一门忠烈。

传说中，折太君亲自披甲，带领十二寡妇出征西夏。

无论如何，经得住丧夫亡子之痛，扛得起救国兴家之责，在波谲云诡的政治漩涡中，能使杨家天波府屹立不倒，是多么的不容易，真可谓“北宋坚强妈”。

3. 北宋文正公范仲淹的母亲谢氏（谢观音）。

育儿“文正”，居功至伟。“文正”作为大臣死后的谥号，皇帝不肯随意给人，因为它有“极尽人臣之美”的寓意。

相传，谢氏怀胎十五月才生下范仲淹，如果是真的，这是极艰辛的。

而后，夫死改嫁（仲淹“二岁而孤”），在寄人篱下的日子里，教会儿子安贫乐道、勤勉苦学、心怀天下。范仲淹被朱熹称为“天地间第一流人物”，当他作《岳阳楼赋》咏出千古名句“先天下之忧而忧，后天下之乐而乐”的时候，范妈妈的教子之道“跃然纸上”。

4. 北宋文坛领袖欧阳修的母亲郑氏。

意志坚定，家穷志不穷；画荻教子，助儿成大器。

欧阳妈妈也是一位单亲妈妈，她依靠自己的辛勤劳作，将儿子养大，并用最原始、最贫苦的方法教育欧阳修——从儿子五岁开始，欧阳妈妈便教他读书识字、做人做事。当时家里穷极潦倒，没钱买笔墨纸砚，欧阳妈妈就用芦苇杆替代，并在地上铺一些沙，以荻为笔，以沙作纸，一笔一画，一撇一捺，教会了欧阳修书写人生。

5. **南宋抗金英雄岳飞的母亲姚氏。**

古今第一“文身大师”，她在岳飞背上刺的四个大字“精忠报国”，不仅激励着儿子“收拾旧山河”，还激励了一代又一代的中国人报效祖国——特别是在一寸山河一寸血的抗战年代。

……

其实，中华文明悠悠数千载，好妈妈们数不胜数，然而，我们若是细心了解她们的家庭教育，会发现好妈妈们有共同的“道”，试举几点：

第一，她们都在艰难处境中呕心沥血，劝儿发奋，立儿以德；

第二，她们都是身体力行，言传而身教，而且，她们重视生活小事，她们给孩子做的是品格的榜样和细节的楷模；

第三，她们都严于教子，但在教育方法上，循循善诱，“导”而不“堵”，基本不使用肢体暴力和语言暴力，也就是说，她们都不是所谓的“虎妈”；

第四，她们都善于创造环境和条件，让孩子获得应有的教育。她们不会因噎废食、因穷废教。

总结——她们都是孩子们的心灵导师，虽然制作不了心灵鸡汤，却以实际行动培养着他们的心道与心术。

今天，我们如何做父母？当困惑不解时，不妨回望这些“中国好妈妈”，她们是历史的沉淀，她们的教育之道通过了岁月的考验。

也许，我们会说时代不同了，但是人性永远是相同的，心道永远是相通的。

五子登科
——窦家育儿“秘方”

现在有些人爱拿承载智慧和德行的成语来开玩笑，譬如，表达对孩子成长期许的一个词，“知书达礼”，被歪解为“仅知道书本知识是不够的，还要学会送礼”；又譬如，“五子登科”，变成了追求“票子、车子、房子、女子、儿子”。

那么，“五子登科”的正解是什么？

顾名思义，某人的五个儿子品学兼优、才德兼备，先后登科及第（考中进士）。

谁这么牛啊？这么会生儿子？这某人到底是谁啊？

窦燕山，五代十国末期的窦十郎。

窦燕山，这个名字，现在连幼儿园的小朋友都很熟悉，因为老师要他们背的《三字经》，里面有一句朗朗上口的话：“窦燕山，有义方，教五子，名俱扬。”短短十二个字，讲的是一个堪作典范的育儿故事。

先说说窦燕山。

他本名叫窦禹钧，“燕山”是他的雅号——因为一直混在燕山地界，即今天的北京。

窦燕山是一个富N代（具体几代无从考证），也许是因为长于富豪之家又缺乏家教，年轻的时候，他是个“坏蛋”，或者说奸商，专干投机倒把的事情，最擅长坑蒙拐骗。卖粮食（一说借粮食给穷人），大斗进，小秤出，短斤缺两赚差价，绞尽脑汁得罪人，脸比长城厚，心比乌贼黑。家中有钱有势力，估计打手一堆，时常会举办一些“欺男霸女”“欺行霸市”的坑民活动。人们拿他没办法，只能背地里诅咒他断子绝孙。显然，老天爷是尊重民意的。尽管在百姓的唾沫星子里，窦燕山活得有滋有味，但是，年过三十，他始终膝下无子。重金求子，也无济于事。他开始捉急了。

有一天，窦燕山做了一个奇怪的梦，他梦见他的老爹从坟地里爬出来，指着他的鼻子破口大骂：“你个逆子，为富不仁，心术不正，害得我们窦家香火不继，眼看就要绝种了！”窦燕山痛哭流涕，请求父亲原谅。父亲说：“你如今唯有多做好事，才有转机。”

梦醒之后，窦燕山决定痛改前非、洗心革面、做个好人。干坏事，他有足够的本钱，那么，做好人，他就有足够的资本。

从此，窦燕山扶危济困、施德行善，燕地的小伙伴们惊呆了。他不仅慷慨解囊，“赞助”别人娶妻嫁女办丧事，还开办免费私塾，设立免费图书馆，大兴文化慈善事业。

好心人，天不负。窦燕山又做了一个奇怪的梦，梦的主角还是他爹。这回，老爸很高兴，表扬他行善积德，阴功浩大，并悄悄告诉他，上天将赐他五子，而且个顶个的优秀杰出。

果然，那之后的许多年，窦燕山从膝下无子变成了“膝下五子”。

接下来的事情，大家都知道了，“五子登科”。

为什么窦家可以做到“五子登科”呢？难道真如故事里说的老天开眼、善有善报？非也，非也。五子登科主要因为一个字：

教（教五子，名俱扬）；一个词：教而有方。

那么，老窦的教子秘方是什么呢？

其实，说来也简单。

第一，理想。构造公益氛围和文化环境（私塾、图书馆），尊师重道，热衷文化，帮助孩子开阔视野、开拓胸怀。

第二，教养。言传身教，做孩子的榜样，待人以礼，与人为善。潜移默化中，孩子渐渐变得大方得体，深明助人之乐。

第三，自强。窦家的孩子和范仲淹、欧阳修不一样，他们天生衣食无忧，而且双亲健在，幸福满满。这种情况下，孩子很容易贪图逸乐、懒惰懈怠，甚至堕落学坏，因为他们会认为自己一辈子都可以不劳而获、坐享其成。而窦燕山巧妙地断了孩子们的豫逸之道，他多行善事，使自己家无余财。这样一来，儿子们的发展，唯有读书一条路。“富二代”没了依傍和倚仗，就得发奋地读书自强。

可以这么说，窦燕山经历了早年的荒唐，明白了人生的真义，并以此教子。也许，他从没有渴望他们“鲤鱼跳龙门”，也许，他只是想让孩子成为生活的有心人。就像他做公益做慈善，并不求长命百岁，却不承想，活到了八十二岁（在古代，这是绝对的高寿）。

恩爱之道

——我们如何做夫妻

体贴之德：“举案齐眉”
——走心的“恩爱秀”

说到“举案齐眉”，后面往往要捎上四个字“相敬如宾”，于是，大家就知道了，这是一个用来借指夫妻之间相互尊重的成语。其实，也不尽然。

来看看《后汉书·梁鸿传》怎么说。

穷困潦倒的一代名士梁鸿，为了避乱远害，结束了霸陵山上男耕女织、夫唱妇随的逍遥日子，带着妻子孟光跑到吴地（今江苏一带）投奔一个叫皋伯通的土豪朋友，住在人家的庑下（走廊上的偏房），因为不好意思坐吃接济，便受人雇佣去舂米，成了一个如假包换的“贫下中农”。

但是，这个苦逼的汉朝打工仔却过着现代男人想都不敢想的幸福生活，高端大气上档次。

老公梁鸿“下班”回家，老婆孟光已做好香喷喷的“爱心餐”，虽然没有大鱼大肉，却在每一粒大米里融入了深深的情、满满的爱。当然，这不是关键，“好戏在后头”——举案齐眉。

“翠花上酸菜”这个词组，曾在大江南北风靡一时，然而，它和“孟光上晚饭”比起来就明显相形见绌了，完全不在一条水平线上。

先看动作。

第一步，弯膝半跪，用的是电视剧里宫女给皇帝上茶的标准姿势，孟光的这一动作，往往被人们忽略不计，其实，它很重要。你想，人家孟光可是老梁的正妻原配，不是丫鬟奴婢，如此屈膝凭什么？对老公的畏惧？梁鸿，你一个落魄书生，谁会怕你呀？答案很简单，因为敬爱。

当然，《梁鸿传》惜字如金，并未提到这一“跪”，但我想，应该是有的，因为这是孟光的“惯用伎俩”。在刚刚嫁给梁鸿的时候，人家嫌她的新婚打扮太妖艳，竟然一连七天不理她，于是，她“乃跪床下”向梁鸿请罪，这一招套出了他的真心话，原来人家喜欢素颜的。

第二步，举案齐眉。弯好膝盖后，把“案”轻轻举起，注意，此“举”要把握一个重要的标准“尺度”，不能高，不能低，一定要让托盘与眉毛平行。古代人重视礼，凡是礼，必然讲究细节。

第三步，耐心地端着。待梁鸿把饭菜稳稳地放到桌上，孟光才收起托盘，缓缓地踩着小步子倒退出房间。如果正巧赶上梁鸿发呆冥想，甚至坐着睡着了，孟光就要耐着性子，保持姿势，不发抖，不发火，不“河东狮吼”。

以上是动作分解，然后，我们看看孟光的态度，《梁鸿传》里简明扼要、一言蔽之：不敢仰视。自始至终不抬头，很恭敬的模样。当然，不能面无表情，也不能很严肃，应该是嘴角含笑如桃花半开。

毫无疑问，孟光是个好老婆，古称“贤妻”。那么，问题来了，“举案齐眉”为哪般？仅仅是为了表示对丈夫的尊重，以换取男人的以礼相待、夫妻间的相敬如宾吗？不对！孟光又不是第一天嫁给老梁，逃到吴地之时，他俩也算老夫老妻了。

现在是特殊时期，孟光以特别的行为表达特别的爱，其实是源于她对梁鸿的理解和体贴。

那时梁鸿的身份是个“逃犯”，因为写诗得罪了皇帝，有家不能归，连在霸陵山隐居都不行，只好躲到偏远的江南，寄人篱下，替人做长工，不免要受人冷眼欺凌。如斯境遇，作为志趣高洁的名士，梁鸿很是可怜。落没之人需要“抬举”，这是浅显的道理。因此，为了让丈夫有份好心情，孟光发明了“举案齐眉”。她通过这一行动告诉丈夫：老公，无论怎样，我都敬你如常、爱你如初。

“举案齐眉”，最难能可贵的是坚持。《梁鸿传》里有两个字：“每归”，意思是老梁每天回家都有这种“老爷”的待遇。也就是说，“举案齐眉”并不是孟光心血来潮、玩玩而已，理解老公，体贴老公，她是认真的。

“举案齐眉”，使这对患难夫妻在最艰辛的日子里平和安乐，所以说，理解、体贴，是夫妻家庭生活的“首德”。

诚然，在现代社会，“举案齐眉”这个举措本身并不倡导，一来，难免矫情，二来，容易被误解为男女不平等，但是，类似的理解与体贴的言行却是夫妻之道的重要元素。

顺带说一下，孟光梁鸿不经意间的“恩爱秀”，产生了意想不到的效果。

首先，房子的主人皋伯通看见了，便觉得梁鸿不是一般的人，否则，落难之时，老婆怎么这样敬重他？于是，皋伯通开始对梁鸿格外优厚，梁鸿死后，还把他葬在了“烈士陵园”。

其次，《后汉书》的作者班固听说了，感动啊，于是有了《梁鸿传》（梁鸿平生实在没啥可写的，可圈可点的是他的老婆孟光，特别是孟光的“举案齐眉”）。可以说，老梁一举成名，而且名传千古，多亏了他老婆啊，真不枉新婚之时他给老婆取名“孟光”，字“德耀”。

所以说啊，“秀恩爱”是要走心的。

包容之德：所谓“惧内”

——“英雄怕老婆”的真相

“封侯非吾意，但愿海波平。”

这句诗荡气回肠，作者是戚继光。

中国人都知道，戚继光是一位民族英雄。他一手打造了超级铁血兵团“戚家军”，在东南抗倭、威震日寇的同时，顺手发明了福建极负盛名的美食“光饼”。军旅之中，生死之间，戚英雄很懂生活。

也许，正因为理解生活，他才具有了不太为人所知的一个特点：惧内。

有个小故事，可供我们管中窥豹。

故事的名字叫，请夫人阅兵。

据说，戚将军的原配王夫人，是一个很厉害的角色。她，少年学武，通习枪棒，且不谈十八般武艺，光凭拳脚就经常把老公打趴下。她，结婚后一直随军，亲自监督老公。她，性格刚强，作风彪悍，不畏强权，家教甚严，驰名中外，真不是盖的。

话说，有一回，戚将军被戚太太打得落花流水，仓皇狼狈地“逃”回中军大帐。手下的兄弟们略问事情原委，便建议戚将军“教训教训”自己的老婆——不知是出于什么心态，或者是看热闹不嫌事大，又或者是眼见叱咤风云的老大被女人欺负，于心不忍。

请夫人与我一同阅兵

但问题是，怎么“教训”呢？打又打不过人家。兄弟们抱在一起一合计，灵感大爆发，顿时生出个“诸葛妙计”，其实是很馊很馊的主意：把王夫人请到帐里，大伙儿都摆出凶神恶煞的“架子”，数“一二三”，一起拔剑出鞘，剑影森森，剑气逼人，吓都吓死她。此谓“威慑”。

戚将军懵懵懂懂地依计行事，着人把老婆“骗”进来。王夫人走进大营，四面刀枪剑戟，军帐内寒光闪闪。将军们一个个全副武装、威风凛凛，手都按在剑柄上，就等戚老大一声令下，或者，来个摔杯为号什么的。戚将军傲立在中央，正准备“嘚瑟”一把，一举夺回“大丈夫”的尊严，却不料王夫人偏偏不按套路出牌。她并没有秒变“娇娘贤妻”，而是一如既往地“河东狮吼”：“没事叫老娘来干什么？看戏啊？”王夫人一声吼，戚将军抖三抖。戚将军吓坏了，仿佛刚看完《午夜凶铃》。怎么办呢？幸好戚将军久经战阵，见惯大世面。情急之下，灵机一动，戚将军谄笑道：“老婆大人威武，老婆大人聪明，就是看戏啊！请夫人阅兵！”

显然，这个故事，出自稗官野史，不足为信。听起来更像是明代哪位穷极无聊的文人跟戚大将军开的民间玩笑。可是，“空穴来风，所托者然”，故事或许是瞎扯淡，但“戚将军怕老婆”的说法是编排不出来的。谁好意思造一个民族英雄的谣呢？

其实，这可不是坏事。

“妻管严”并不可悲，非但不算什么“耻辱”，反倒是一种“光荣”。

为什么这样说？以戚继光而论，其对妻子的“恐惧”，首先是尊重，然后是包容——包容她的脾气，包容她的缺点，包容她的“小任性”。

这样的包容，因为理解。理解她的辛酸，理解她的忧伤，理解她的愤怒。英雄也是会犯错的。戚将军的“错”，用现代的话说是“不忠”。“包二奶”“养小三”在古代叫“纳妾”，据权威统计，戚将军一生有三个“小老婆”。虽然在当时社会，妾室再多，也是“合理合法”，然而，并不“合情”。所以，戚将军对戚太太，难免心有所愧，进而能理解她的“野蛮”。

这样的包容，因为感念。感念她的一路相陪、不离不弃，感念她无论贫富荣辱都对自己关怀备至、无偿付出。话说，戚将军早年困厄之时，戚太太为给老公加强营养，时常勒紧裤腰带，买鲜鱼做大餐。她自己只吃鱼头和鱼尾，鱼身的好肉统统留给老公。而当老公来了朋友，要盛情款待，她就典当首饰，沽酒买肉。这些付出，和“举案齐眉”颇有异曲同工之妙也。

所以说，这样的包容，是戚将军对戚太太的回报。

所以说，戚继光“怕老婆”，是一种男人的光荣。“惧内”并不容易，“包容”犹为“难能”。

自古以来，“惧内者”就不乏成就光荣之人。譬如，被老婆暴虐相待的沈括，他是《梦溪笔谈》的作者；譬如，被老婆“禁止纳妾”的房玄龄，他是大唐王朝开国名相；譬如，“河东狮吼”故事里的陈季常，虽然他当时没啥大作为吧，但至少在今天成了香港影视剧的“大红人”。

当然，“怕老婆”光不光荣，也得分怎么怕，怕什么？如果像晋惠帝因为害怕皇后贾南风，而任凭她作威作福、祸国殃民，那就是“人间悲剧”了。

于夫妻而言，宽容为“难德”，纵容生恶果。

坚守之德：糟糠之妻

——“东汉爱情故事”

东汉初年，有一个大官叫宋弘。

他的官职是大司空，译为现代文就是“总监狱长+总检察长”，所谓的“位列三公”（东汉三公：大司徒、大司马、大司空）。他这个“大司空”大在哪儿？不好说。但至少在家庭层面，在情感上，他是一个“大丈夫”。

东汉初年，有一个公主叫湖阳。

她不是一般的公主，她是长公主——东汉世祖光武帝刘秀的大姐姐。她是特别的公主，她是苦命的公主——幼年丧父，中年亡夫，晚年无子，当她“遇见”宋弘之后不久，她就遁入“仙门”，当道姑去了。

湖阳公主和宋弘的故事里，没有爱情，甚至很快，他们就没有故事了。湖阳公主在《后汉书》中的角色，似乎是“引子专业户”，引出光武帝刘秀的开明睿智，引出洛阳县长董宣的刚直正义，引出“大丈夫”宋弘的“不负初心”。

OK，不卖关子了，我要讲的“东汉爱情故事”是这样的。

湖阳公主丧偶之后，老弟光武帝和她聊天，品评起朝廷人物。湖阳公主提到大司空宋弘的时候，两眼放光，满脸桃花。她貌似十分淡定地说：“宋公威容德器，群臣莫及”，光武帝的脑袋何

谚曰：富易交，贵易妻，人情乎？
贫贱之交不可忘，糟糠之妻不下堂。

等灵光，一下子就明白了老姐的心意，于是，他说：“方且图之”（让我想想办法）。为什么要“想办法”？因为宋弘是有老婆的人，用行政命令棒打鸳鸯、然后把寡妇老姐强行“摊派”给一个位高权重的大臣，公主的心情自然是极好的，但宋弘会怎么想，天下人会怎么看？所以，“婚姻”有风险，“包办”需谨慎。除非让公主给老宋做妾室——那怎么行！

那么，用什么办法呢？光武帝的高招是“暗示拆婚法”。他亲自担纲“红娘”，找宋弘进行了一次谈话，或者说“艺术化谈判”，顺便让湖阳公主躲在屏风后头“面试”宋弘。

谈话的地点估计安排在御花园，洋溢浪漫气息，颇具情调。

这次被载入史册的对话很简单，一来二去，就结束了。结果是“没有结果”（湖阳公主渴望的爱情）。

光武帝试探地问：“谚曰：富易交，贵易妻，人情乎？”听老百姓说，有钱了就换朋友，有地位了就换老婆，这是人之常情吧？

宋弘严肃地回答：“贫贱之交不可忘，糟糠之妻不下堂。”这一句话千斤重，道出了做人的正理，也一下子堵住了皇上的大嘴巴。宋弘知道光武帝在暗示什么，估计此前已有听说湖阳公主对自己有意。

宋弘告退后，光武帝无奈地老姐说：“事不谐矣。”算了吧，他不是你的菜。

宋弘的那句话千古流芳，因为它象征着中国人的“情义理想”。面对巨大的物质和精神的双重诱惑，宋弘实现了这个“情义理想”。不是说说而已，不仅仅是拒绝了公主。宋弘在皇帝面前讲“糟糠之妻不下堂”，等同于“对天发誓”一辈子不换老婆，甚至是不纳妾，要不然老婆也会有“下堂”的危险。如有违背，就是欺君。

“糟糠之妻”的“糟糠”，原指聊以充饥的酒糟糠皮，后借代“贫苦患难”。“糟糠之妻”即患难之妻，在男人最艰难、最困顿、最潦倒的时候始终守在身边、不离不弃的那个女人。例如，孟光，例如，戚继光老婆王氏。

虽然不知道宋弘和他的“糟糠之妻”到底有过怎样的患难经历，但是，“糟糠之妻不下堂”是东汉最美的“爱情故事”——这点毫无疑问。

“糟糠之妻不下堂”，是一个丈夫用“富贵时的坚守”报答妻子“贫贱时的坚守”，所谓“不负初心不负卿”。

坚守，是婚姻最大的美德。古有贵而休妻，今有富而离婚，如果多那么一些坚守，多那么一些对“糟糠之妻”的眷恋，“失败的婚姻”就不会“多如牛毛”。一个家庭，有什么问题不能解决呢？

坚守，不需要任何理由，只要“贫贱夫妻百事哀”的时候，她没有离开。

坚守，哪怕没有了“爱情”，也要坚守“亲情”——这是升级的“爱情”：恩爱和情义。

最后，问一句：实现婚姻的“情义理想”，到底有多难？

有些事，不能不坚持；有个人，必须去厮守。

不负初心，方得始终。

牺牲之德：心如止水
——“秀丽江山”启示录

东汉王朝开国皇帝光武帝刘秀有一句关于美女的名言：“为宦当作金执吾，娶妻当得阴丽华”。

那年，他正青春；那年，他在长安；那年；他很落魄。

当金执吾（俗称“禁军头子”）的车驾驶过眼前时，他发出了如此豪言壮语，这也成了他当年的人生理想。

不要误会，美女阴丽华并不在金执吾的车上——她在新野，没在长安。刘秀也未曾见过阴丽华，他只是到新野穷游的时候，听说阴丽华很漂亮、很优秀（“闻后美”——《后汉书》），颜值与气质俱佳，身材与德才并茂，家里又很有钱，心里便很是喜欢爱慕，还发起毒誓：娶不到阴丽华，一生打光棍。

本来是“暗恋”，但被金执吾的豪华阵容一刺激，刘秀一股脑说出来了。当然，没人在意，旁人顶多会想：“癞蛤蟆想吃天鹅肉，撒泡尿去！”却不料，刘秀不是说着玩的，他开始了他的奋斗。

显然，金执吾，刘秀没有做成，因为他后来做了禁军头子的头子——皇帝。而阴丽华，他是真娶着了，后来还封为皇后。当刘秀略有所成的时候，就去新野提亲，幸好——或者说碰巧，阴丽华十九岁还没嫁人（汉朝流行早婚，“白富美”阴丽华在这个

当年我立下誓言，一定要娶你。

年龄是典型的“黄金剩女”）。一个大龄未嫁，一个大龄未娶（刘秀二十九岁），一个美翻天，一个帅爆了，他们喜结连理，真可谓“时也命也”，仿佛月老在“捣鬼”。

刘秀与阴丽华的婚姻总体来说是幸福的。为什么幸福？不是由于老公刘秀的成功，而是因为老婆阴丽华的德行。啥德行呢？四个字：“心如止水”。

阴丽华是刘秀的原配，却不是刘秀的第一任皇后。凤冠霞帔，正宫宝座，并非刘秀舍不得给，而是人家阴丽华不肯要。

公元25年，刘秀称帝登极后不久，便计划封阴丽华为皇后。他认为她是不二之选，因为名正言顺，因为爱情热焰还在燃烧，因为聚少离多、深觉亏欠，因为这个女人“雅性宽仁，有母仪之美”。

当时的阴丽华有足够的资本和资源做皇后，而且无需争取、唾手可得，可是，她坚辞不受，理由是“我不够资格”。她把称霸后宫的威权和母仪天下的荣耀拱手让给了另一个女人：天生的“情敌”，将来很可能会整她的女人——两年前和刘秀“政治联姻”的郭氏之女郭圣通。

阴丽华之所以把皇后让给郭圣通，所谓“不够资格”是骗鬼的话，真实的原因应该有三个：

其一，为了不让大臣们捣乱。郭圣通当时已为刘秀生了一个儿子，母以子贵，不少大臣因为“儿子”而投了“老妈”的票，阴丽华“糟糠之妻”的身份反而没什么人在意。

其二，为了不让老公身处险境。郭圣通的舅舅刘扬刚刚造完反，但郭氏的势力依旧很强大，刘秀的朝廷还在摇篮里，四周满是虎视眈眈的恶狼狂犬，如果封后的事情引发郭氏的不满，要么，暗流喷涌，要么，后患无穷。当不上皇后的郭圣通不是地雷，就是定时炸弹。阴丽华知道皇帝老公还很娇嫩，经不起折腾。

其三，为了天下第一家庭的和谐。诚然，阴丽华接过皇后的帽子必定十分顺手，但是这之后，她要处理与刘秀、郭圣通之间的“三角”关系就会非常棘手。

其四，也是最重要的一点。阴丽华有一种常人不及的好心态。不贪恋权位，不贪图富贵，不贪慕虚荣，不贪求眷宠，最难能可贵的是，不惧将来——不害怕当后宫“老二”的风险（被皇后老大欺负）。幽居深宫之中，看着皇帝爱别人，皇后是很容易变态的。试想，当年刘邦的皇后吕雉是如何对待戚夫人的——剁去身体的大部分，却不让她死，扔在特制的瓮里，号称“人彘”（人猪）。

其实，阴丽华并不傻，她明显知道把皇后宝座送给郭圣通这个在权力游戏中长大的女人，无异于将一把“杀猪刀”递给了郭圣通，这个“顺水人情”做得十分危险。然而，阴丽华“大无畏”，因为她“无所谓”。

阴丽华能做到“无所谓”，是因为她不贪不惧、无欲无忧，这叫“心如止水”。在“秀丽江山”的故事里，“心如止水”，是一个弱女子的品德，是一个小女子的格局。为了不坑老公，她就坑自己。作为刘秀的原配，她的眼里是丈夫的江山，心底是家庭的大局——无论如何，不能陷皇帝老公于“不利”和“不义”。

这样的“心如止水”，在中国的宫廷史中屈指可数，凤毛麟角。就连著名的“李未央”（北魏冯太皇太后）也积极地投身于权力斗争，甚至还灭了老公拓跋浚的儿子。阴丽华的“奇葩”行为：“大老婆”把皇后宝座让给“小老婆”，在常人看来，不仅是有悖人性，简直就是逆天！

这样的“心如止水”，是一种入了圣境的神功。而欲练神功，必先“自宫”，也就是牺牲，牺牲自己的欲望和安全感。

阴丽华对皇后大位“坚辞不受”之后漫长的十七年，她在后宫的日子是不好过的。刘秀后来说，郭圣通有“吕霍之风”（“吕”指刘邦的老婆吕后，“霍”指汉宣帝皇后霍成君，她们都专横霸道，都意图谋杀别的女人的儿子），可想而知，她会如何给潜在的威胁者阴丽华穿小鞋、找碴儿。

光阴如白驹过隙，十七年之后，郭圣通因为与刘秀的政治矛盾而被废黜，阴丽华“得归正位”。为什么说“归”？因为她是原配，皇后的宝座理论上本该是她的。正可谓“好饭不怕晚”。十七年如履薄冰的后宫生活，一直在砥砺着阴丽华“心如止水”的德行。“温良恭俭让”成了她的外在风格和内在品格。习惯性的“自我牺牲”，不仅让她成为了刘秀始终如一的好伴侣，还使得她在不经意间以“一代贤后”的美名彪炳史册。

“娶妻当得阴丽华”，既是刘秀的想法，也是历史的认可。

历史上，堪称“贤后”的女人并不多，而阴丽华以“坚辞不受（皇后位）”的德行跻身前列，是因为她懂得并践行了一个道理：家庭需要牺牲，爱，能舍才能得。

在一个家庭中，夫或妻都会有自己的念想和志趣，也时常会面临可能影响家庭和睦的诱惑，这个时候，可以向阴丽华学习，“牺牲”欲望，心如止水，放下“自我”，扛起家庭。人不能只为自己的梦想而活。

而“牺牲”，总会获得相应的报偿。

十七年了，你还拒绝当皇后嘛？
现在的生活很幸福。

共苦之德：患难夫妻

——相濡以沫 or 相忘江湖

“夫妻本是同林鸟，大难临头各自飞。”

这句被元杂剧和明传奇广泛引用的“打油诗”，说的是一个家庭陷入困境的时候，夫或妻结束婚姻，古代叫“抛弃”，现代叫“离异”。有的是迫于无奈，有的则是不愿在痛苦中坚持，选择了自认为更好的生活。

陈世美“抛妻弃子”的传说，与其说是富贵骤临而不能坚守，不如说是患难已久而急于改变。在高中状元之前，他和秦香莲的日子是过得很艰难的，秦香莲是咬着牙、咽着血以柔弱的身躯担负起一个家庭的，陈世美能够放心地进京赶考并最终蟾宫折桂，秦香莲居功至伟。所以说，陈世美做得最错的、最为世人诟病的地方，不是抛弃妻子（这样的人太多），而是在生活初见曙光的时候抛弃了和他患难与共的人，而且抛弃得那么彻底（妄图杀妻）。前面讲过，宋弘能做到“糟糠之妻不下堂”，是因为曾经的“糟糠患难”。陈世美的“抛妻弃子”，不仅是忘了初心，还是埋没了良心。

《封神榜》中的姜子牙（吕尚），在以垂钓“勾搭”周文王之前，做生意很不成功，手无缚鸡之力又不能耕耘稼穑，他的妻子觉得“人生无望”，就从苦哈哈的生活里抽离了出去，道一声“再也不见”，错失了“相国夫人”的风光富贵。也许，不能说是“错失”，毕竟每个人都有自己的切身感受和选择的权利，准确地讲，姜夫人的这段婚姻有些遗憾，因为，那个时候的姜子牙正在用自己的方式努力地改变人生，如果多那么一些理解和体谅，陪伴丈夫走过最黑暗的一程，他们的婚姻还是会很光明、很幸福的。

汉武帝一朝有一个相当有意思的大臣，有人认为他是读书人的典范（安贫好学，胸怀奇志），有人认为他就是个“精神病患者”，他的名字叫朱买臣。朱买臣贫贱之时，“好读书”，“不治产业”，主要的维生之计是砍柴换口粮。卖柴的路上，他有个特殊的嗜好——唱歌（唱的不是流行歌曲，而是诗词文章）。他的妻子背着一大捆柴跟着他，屡次劝他“闭嘴”，一则扰民，二则丢人，可是，她越劝，朱买臣越来劲，愈发引吭高歌。朱太太终于受不了了，提出“分手”（“妻羞之，求去”——《汉书·朱买臣传》），朱买臣不以为意，笑着说：“我五十岁的时候会飞黄腾达，现在我四十多了，只要再等几年，你就可以享受了。”空口白牙的“承诺”，把朱太太惹火了：“你这样不务正业，迟早饿死在臭水沟里，还谈哪门子富贵？离婚，坚决离婚！”于是，朱太太改嫁了，嫁给家境殷实的张木匠，不是因为等不起，而是因为不相信。后来，朱买臣果然成为了汉武帝手下的重臣，再后来，朱买臣因为诬告宰相张汤谋反导致张汤自杀，被汉武帝给杀了。因此，朱太太当年毅然决然离开朱买臣究竟是无福还是有福，就说不清楚了。不过，值得一提的是，朱太太改嫁之后，接济过饥寒交迫的朱买臣，这叫“念旧情”。

虽说“大难临头各自飞”是人性使然，甚至是人之常情，难论对错（陈世美那样走极端的除外），但是，终究不符合中国人对婚姻的理想设定，自古以来，对于爱情，对于家庭，中国人都坚定地追求着“大团圆”。这是一种美好的信念。所以，在古代的文学作品里，“中国无悲剧”。

大团圆不容易，白头偕老不容易。人不可能一生平顺，生活不会永远无忧。一对夫妻，一个家庭，总要面对患难的考验。

如果说，富贵时的坚守需要定力，那么，患难时的风雨同舟更多需要的则是直面惨淡人生的勇气、坚忍不拔的精神和相濡以沫的彼此付出——齐心协力去打破贫贱夫妻百事哀的魔咒。

大才子司马相如和大才女卓文君的爱情故事为人们津津乐道，但许多人不知道，“凤求凰”之后，私奔之举使小两口堕入了生活的艰难之网。卓文君刚进司马相如家门的时候，“两眼一抹黑”，差点没晕过去：家徒四壁，空无一物。爱情是有了，可面包是没有的。要把爱情坚持到底，就得想办法创造“面包”。此时，卓家断了文君的经济来源，而司马相如当时没有成名，靠卖诗鬻文是赚不足两个人的生活费的。怎么办呢？他们坚信，办法总比困难多。

卓文君带着司马相如跑到哥们比较多的临邛，把自己的车马给卖了，估计还向哥们举了债，所有钱孤注一掷，开起了一家小酒馆。虽然没有餐饮经验，但生活所迫，他们不是闹着玩的。亲力亲为，卓文君当垆卖酒，拿自己做招牌（酒馆西施），说不定还得做做酒娘，而司马相如呢，他也不敢闲着，自己穿起了“犊鼻裤”，看起来很像打工仔，他的主要任务是和雇工一起在闹市中洗涤酒器。

放下面子，任劳任怨，小两口，终于度过了难关。与此同时，卓文君鼓励老公不忘老本行，读书，写作，最终“一举成名天下知”，还成了汉武帝的座上宾，连在冷宫之中的皇后阿娇也向他“千金买赋”。

庄子说，相濡以沫不如相忘江湖，是有一定道理的，然而，

他说的是两条鱼（其寓意并不明确）。对于一对夫妻和一个家庭而言，“相忘江湖”怎如“相濡以沫”？

同甘，是夫妻之道的丰硕果实，而共苦，则是家庭美德的坚强基石。

持家之道

——修身齐家需注意

勤　俭

“勤能补拙，俭能补贫。”

这句话大家伙想必都听过。它是很早很早以前的民间智慧。

最初，人们都很认同它，可是随着社会经济的发展和人心的渐趋功利化，就有许多人提出异议了：“谁说的？人笨难医，累死了又能有什么成绩？家穷难持，省透了又能有什么余财？”于是乎，出现了一种社会风气：再拙也懒，再贫也奢。这样的案例是不胜枚举的，否则，就不会有自甘堕落和败家之说。

其实，补拙、补贫，只是“勤”和“俭”所能起到的最基本的作用。

曾国藩不是说过吗？“勤”和“俭”是用来立身、兴家的。无数历史事实证明，真的可以！

你勤勉，不是因为你笨。天才也要呕心沥血。曾国藩能成就一个巨大家族的荣耀，正是因为他“知行合一”的辛勤劳动，光是家书他就写了五百封。

你俭朴，不是因为你穷。哪怕你富可敌国，也要秉持简约的品格、坚持节约的生活，唯其如此，才能省下更多的财力和心力修身齐家、助力社会，唯其如此，你的事业和家庭才能历久弥新。

所以说，要致富必以勤，要长富必以俭。

勤奋是种好品德的论据，历史长河中俯拾皆是，不消多言。

包青天的“廉”与“俭”才是他流芳百世的真正原因。

单单说说“俭”。

北宋王朝有两个宰相，一个叫寇准，一个叫包拯。

包拯，大家再熟不过了，官方称谓“包龙图”，民间称谓“包青天”，敬他的叫他“包大人”，厌他的叫他“包黑子”。他是传统戏曲和港台影视的“金牌男一号”，广大观众都认为他是正义的化身、反贪的先锋。当然，这没有错。但是，有一个普遍的误解存在，包青天在正史中流芳百世，主要不是因为他脸黑，或者铁面无私辨忠奸，而是源于两个字：廉和俭。

俭以养廉，廉以生德。俭是廉的精神保障。包拯家里没有像样的家具，更没有字画收藏这样烧钱的癖好。

包拯俭以传家，死时给子女的遗产唯有精神：廉和俭。

寇准，寇老西儿，则是反面教材。他官至宰相，曾解救过澶州之危，有功于社稷，可是，他却不是民间戏曲和主流文学欢迎的人物，就算给“角色”，也不太会是正面的。为什么？因为奢。

寇准是个资深的“花花公子”，宴饮狎妓之类一掷千金的事是家常便饭。司马光曾借寇准敲打自己的儿子：“近世寇莱公（寇准封莱国公）豪侈冠一时，然以功业大，人莫之非，子孙习其家风，今多穷困。”

“今多穷困”，有两个原因：一则，家里的钱加上自己赚的钱都是有限的，二则，奢者必贪，贪必败家。

古人有云：“由俭入奢易，由奢入俭难。”故而，勿奢为佳。

当然，俭并不是抠门，也不是死省。吝啬是不好的，苦行是不必的，适当的享受生活是需要的——特别是给家人。

综上而论，持家，宜勤不宜惰，宜俭不宜奢。万贯家业者，以勤创，以俭守。

睦 邻

安徽有座城叫桐城，有条巷叫六尺巷。

它的得名和著名不是由于巷子里有片六尺地，而是因为这六尺宅基地被让出了三尺——这就是“让他三尺又何妨”的故事。

话说，康熙年间（一说是雍正年间），久居京师的文华殿大学士、礼部尚书张英（一说是张廷玉）忽然收到一通千里家书，这本是难得的快慰之事，然而，打开一看却不免有所失望——那是一封“投诉信”。

原来，在桐城老家的家人因为建房子而与邻居发生了矛盾。此邻居姓胡，当地大户，是有本土靠山的主，而张家“上面有人”，张英可是康熙爷的“红人”，因此，双方争的不仅是区区几尺地基，更是彼此的家族脸面。

月月吵，天天闹，好好的邻居相见如仇，张家的工程不得进展。为了尽早取得光荣的胜利，摆脱纠纷的痛苦，张家人决定祭出他们的杀手锏：张英。张英为官清正，从不利用职务之便为家人办事，但张家人想，现在遇到大事了（一寸房子一寸金），也该他张英出手了。何况，解决这个问题很容易，张英只要跟桐城县令打个招呼，让他威慑一下胡家就足够了。

不成想，张英坚持了他的原则，而且他认为这不过是一件小事。于是，他研好墨，提起笔，一封经典家书，一挥而就。短短二十八个字：“千里家书只为墙，让他三尺又何妨？万里长城今犹在，不见当年秦始皇。”

这是一首小诗，道理浅显，却充满了精神的力量：气度和胸怀。

张家人自然拗不过张英，他们必须接受他的思想教育，主要原因是，他说得很对，不过是三尺地而已。三尺空空地，不如一家好邻居。

张家人拉下面子、放下姿态，不仅和胡家人示好言和，还主动退让三尺地，结果胡家人大为感动，也退让了三尺地。这六尺地就成了赫赫有名的“六尺巷”。

这个事情，是中国人睦邻的典范。

为什么要睦邻？为了家庭！任何一个家庭都不可能孤独地存在。

俗话说，远水不解近渴，远亲不如近邻，假设张家发生火灾，张英的作用就远逊于胡家人了。

与邻为善，对自己的家庭而言，有百利无一害。传统文化讲求礼尚往来，你送邻居包子，他们就会回馈你饺子。而通过睦邻，也能为子女创造一个良好的成长环境。所以，赠邻玫瑰，何止手有余香？

然而，睦邻，并不容易，因为难免会有一些纠纷，涉及利益问题，也涉及面子问题。这时候，需要气度和胸怀——让他三尺又何妨？

因此说，睦邻，也是持家之道。

明 悌

孔子曰："孝悌也者，仁之本欤"，又曰："入则孝，出则悌"。

悌的意思，就是兄弟姊妹间的相敬互爱。

从古至今，兄弟间争夺家产、兵戎相见的事情屡见不鲜。小时候哪怕好得跟一个人似的，长大后，面对利益攸关之事，却很容易翻脸无情，因为既是各有各的利，又是各有各的理，更是各有各的"气"（戾气往往压住友爱）。

兄弟姊妹不"悌"，则家庭不和。而"悌"，在于始终如一。

孔融四岁让梨，作为兄弟友爱的经典案例，一直为世人称道。可是，殊不知，孔融长大后，一切就变了。

熟悉东汉三国历史的朋友都知道，曹操杀孔融的理由之一是"不孝不悌"。孔融不孝，正史中是有记载的，他不但不肯赡养父母，还炮制出一堆的反动孝道的言论。而关于"孔融不悌"，正史则没有明确的事例，但是可想而知，对父母都能冷如冰、淡如水，待兄弟又能怎样呢？孔融一共兄弟七人，排行老六的他，对哥哥们应是以敬为本，但是，不敬父母者，又如何敬兄弟？

当然，一个问题两面看。在"悌"的方面，长大后的孔融并非一无是处。《后汉书》里有孔融与哥哥"争死"的记述。"争死"，就是争着去死——承担死罪。当时，孔融和哥哥孔褒因为窝藏朝廷要犯（孔褒的朋友）双双被捕入狱，两兄弟在大牢里来了一回哥俩好，孔融为保护哥哥抢着认罪。可见，孔融对兄弟还是能讲义气的。

不管怎样，“悌”之行与“孝”之行一样，讲求持之以恒。唯持之以恒，方能持家有道。

近年来，二胎政策开放。“悌”，做为一项重要的中华民族传统美德，又引起了人们的重视。而需要注意的是，任何一种美德，都要一以贯之，不能只看一时，就像孔融的四岁代表不了他的一生。

奉　老

齐家之道，在于及时行孝，在于育儿正心，在于夫妻恩爱，在于勤俭持家，在于睦邻明悌，还有一点不可忘却：敬老奉老。

一个人成年之后，爷爷奶奶若是健在，是一件非常幸运和幸福的事情。

有一个古老的成语叫“含饴弄孙”，典出《后汉书·明德马皇后传》，说的是祖父祖母陪伴孙儿的乐趣。而透过这乐趣，我们能看到的是老人的爱。

无论古今，一般情况下，孩子成长最初的几年接触最频繁的除了爸爸妈妈，就是爷爷奶奶。现代社会，则有许多被称为“留守儿童”的孩子，他们的爷爷奶奶是既当爷爷奶奶又当爹当妈，双倍的辛劳与付出自不必说,而他们的爱是孩子一生都无以为报的。

有一篇古老的文章叫《陈情表》，陈情者是李密，陈情的对象是晋武帝司马炎，陈情的内容是“舍官奉老”。

李密自小父母双亡，也没有兄弟姊妹，茕茕孑立，形影相吊，是祖母一手把他带大，并陪伴他走过了最孤独最幽暗的岁月。当李密的人生初见曙光，祖母却日薄西山。因此，晋武帝急迫地征召李密为官的时候，他决定舍弃无量的仕途、全心全意地供养“奄奄一息，朝不虑夕”的祖母，于是，就噙着热泪写下了这篇古今第一辞职信。

“臣无祖母，无以至今日，祖母无臣，无以终余年。”

“臣密今年四十有四，祖母今年九十有六，是臣尽节于陛下（晋武帝）之日长，报养刘（祖母）之日短也。”

……

言辞恳切，毫无藻饰，因为李密报答、奉养祖母的心是质朴真实的。有学者说，李密不去做官主要是为明哲保身，报养祖母只是托辞，可是有如此情真意切的托辞吗？祖母离世后，李密应召为官。

为什么后世文人说“读《陈情表》不堕泪者，其人必不孝”？因为《陈情表》字字切中为儿孙者内心的痛点。

有一首歌唱得好：“时间都去哪了？还没感受年轻就老了。”歌词写的是生儿养女一辈子的父母，也是父母的父母。父母容易变老，祖父祖母更是如此。

老人和时光一样转瞬即逝，所以说，行孝要及时，奉老要趁早。